OBSERVATIONS

SUR L'INSALUBRITÉ ET LE MAUVAIS ÉTAT

DES PRISONS,

SUR LES VICES DU RÉGIME

QUI S'Y EST INTRODUIT,

ET SUR LES INCONVÉNIENS MAJEURS

QUI EN RÉSULTENT;

MOYENS INFAILLIBLES

D'Y APPORTER UN PROMPT REMÈDE.

Par le Citoyen THIERRIET-GRANDPRÉ, Chef de Bureau de la première Division de l'Intérieur, ayant le département des Prisons.

Parum est coercere improbos *pænâ, nisi* probos *efficias disciplinâ.*

A PARIS,

DE L'IMPRIMERIE DE LA RÉPUBLIQUE.

1795

OBSERVATIONS

Sur l'insalubrité et le mauvais état des Prisons, sur les vices du régime qui s'y est introduit, et sur les inconvéniens majeurs qui en résultent ; Moyens infaillibles d'y apporter un prompt REMÈDE.

Jusques à quand les mots de justice et d'humanité ne seront-ils que de vains noms! jusques à quand les lois les plus sages resteront-elles sans vigueur et sans force, lorsque le bon ordre, la conservation des mœurs, l'intérêt, je dirai même le salut de la société entière, dépendent de leur rigoureuse exécution! Est-il donc de l'essence des établissemens les plus utiles, de rester imparfaits, et le gouvernement français ne sera-t-il parcimonieux que lorsqu'il s'agit d'élever des monumens durables de la sagesse de ses principes, de son amour pour l'humanité, et de son respect pour les droits sacrés de l'homme et du citoyen!

L'état déplorable où se trouvent aujourd'hui la plupart des prisons de la République, les inconvéniens graves et sans nombre qui en résultent, tant pour les individus qu'elles renferment que pour les lieux où elles sont situées ; l'oisiveté désespérante à laquelle on abandonne les condamnés; leur immoralité profonde, leurs tentatives perpétuelles d'évasion qui en sont la suite nécessaire; les nouveaux crimes dont ils se souillent après avoir brisé leurs fers; l'audace avec laquelle ils méditent et exécutent de nouveaux forfaits, m'ont déterminé à esquisser le tableau de ces affreux désordres, à en développer rapidement les causes, et à présenter quelques idées sur les véritables moyens d'y remédier. Je desire que mes réflexions en fassent naître

A

de plus justes, de plus sages et de plus approfondies : c'est précisément le but que je me propose. Je desire sur-tout qu'elles donnent au corps législatif la conviction que les dépenses relatives à l'administration, au régime intérieur, à la police des prisons, et sur-tout à leur premier établissement d'une manière conforme aux lois, ne doivent pas être rangées dans la classe des dépenses locales, mais qu'elles doivent continuer de rester à la charge du trésor public.

État actuel des Prisons de la République.

LE régime féodal, le despotisme des rois et celui de leurs vassaux, avaient couvert le sol de la France d'une multitude innombrable de bastilles, tombeaux affreux où descendaient vivans et périssaient d'une mort lente et cruelle les malheureux qu'on y tenait enchaînés. Une tyrannie trop longue et poussée à l'excès amène enfin la résistance et l'insurrection. Le peuple français, las de porter des fers, et honteux de l'esclavage où il s'était laissé réduire, résolut enfin de secouer le joug. Son antique courage n'était qu'engourdi ; l'extrême pesanteur de ses chaînes le rappela bientôt à son énergie, à sa fierté première : il se leva tout-à-coup, et devant lui disparurent le tyran couronné et ses innombrables suppôts ; sous sa massue redoutable disparurent aussi les prisons d'état, ou plutôt les portes en furent seulement brisées : les victimes qu'elles renfermaient furent rendues à la lumière ; mais, à quelques-unes près, la plupart des autres subsistèrent, et déposent encore aujourd'hui contre la férocité du gouvernement monarchique.

Dans la lutte terrible de la liberté contre la tyrannie, au milieu des efforts d'un grand peuple pour sapper les fondemens d'un trône cimenté par quinze cents ans d'existence, et pour repousser les efforts toujours renaissans des esclaves nombreux qui lui servaient d'appui, il a été impossible de tout recréer : on avait trop à détruire ; et l'on s'est plus occupé de consacrer dans un nouveau code les principes de justice et d'humanité qui devaient servir de règle à une nation régénérée, que d'en assurer et d'en maintenir l'exacte observation. En effet, que j'ouvre la constitution de 1791, celle de 1793, celle de l'an 3, que je parcoure toutes les lois rendues relativement aux prisons, je vois par-tout les droits de l'homme solennellement proclamés, la justice hautement reconnue, l'humanité expressément recommandée, et les peines les plus sévères prononcées contre ceux qui oseraient en violer les principes : mais que je jette les yeux sur le régime des prisons, que j'ose pénétrer dans ces séjours du crime, de l'erreur ou de l'innocence, je ne vois qu'infractions aux lois, que mépris même pour leur autorité ; je ne vois que des infortunés périssant de froid, de misère et de faim, accablés sous le pénible fardeau d'une oisiveté continuelle, se vautrant sur une paille infecte, livrés à toutes les horreurs du désespoir, et invoquant à grands cris la mort, qu'ils regardent comme un bienfait. La loi exige que les prévenus, les accusés, les condamnés soient enfermés, les premiers dans une maison d'arrêt, les seconds dans une maison de justice, les autres dans une maison de détention ou de correction ; et cependant, dans presque tous les départemens, une seule maison sert à-la-fois pour tous ces individus ; les âges, les sexes y sont même confondus, et on n'y pourrait discerner l'innocent du coupable. La loi exige que les prisons soient saines et sûres ; et presque toutes tombent en ruine, sont sans préau, sans courant d'air, sans infirmerie. La loi veut qu'il soit donné à tous les prisonniers une nourriture suffisante et saine ; elle ne condamne pas même le grand criminel au pain et à l'eau, puisqu'elle ordonne que sur le tiers du produit de son travail, il lui soit procuré une meilleure nourriture ; et cependant le prisonnier indigent peut à peine obtenir une livre et demie de pain grossier, dont il est encore menacé à tout moment de manquer. La loi ordonne à tous les administrateurs de département d'employer à des travaux utiles ou forcés, les condamnés aux fers, à la reclusion, à la gêne, à la détention et à la correction ; et à peine quelques

A 2

départemens offrent-ils l'exemple de leur soumission à cet égard. *La réclusion dans les prisons est la peine même*, dit la loi en forme d'instruction sur la procédure criminelle; *celui qui s'y trouve détenu subit l'exécution de son jugement*. Tout traitement qui aggrave la peine déterminée par la loi, dit l'article XIII de la déclaration des droits, *est un crime*; cependant, indépendamment de la détention, qui doit être *sa seule peine*, le condamné, ainsi que le prévenu et l'accusé, souffre, comme je l'ai dit, les tourmens du froid, de la faim, de la nudité, de l'oisiveté, des maladies, et d'une mort lente et anticipée. La prison n'est pour eux qu'une faible partie du mal qu'ils endurent; elle est le théâtre de tous les vices que la pauvreté et la méchanceté peuvent produire ensemble, de toutes les actions effrontées qui peuvent naître de l'impudence accoutumée à l'ignominie, de la fureur du besoin, et des projets du désespoir. Dans cet affreux séjour, la crainte des regards publics est éteinte et le pouvoir des lois épuisé : il y a peu de crainte, il n'y a plus de honte; l'infamie y enflamme l'infamie; l'audace y encourage l'audace; chacun s'y endurcit contre sa propre sensibilité, fait des efforts pour opérer sur les autres ce qu'il a opéré sur lui-même, et pour gagner l'affection de ses associés par des mœurs semblables aux siennes.

Voici la peinture qu'a faite de la maison de force de Bicêtre, un malheureux qui y a été quelque temps enfermé parmi les condamnés.

« Toutes les salles de cette maison n'offrent par-tout qu'un repaire
» affreux, où tous les crimes réunis fomentent et répandent, pour
» ainsi dire, autour d'eux, une atmosphère contagieuse que respirent
» ceux qui l'habitent, et qui semble s'attacher à eux : c'est un lycée
» redoutable, où le crime personnifié donne des leçons publiques à
» celui qui n'est qu'à moitié corrompu; c'est le centre commun
» où aboutissent tous les crimes; c'est le foyer où se forgent, où
» se réfléchissent tous les complots qui doivent un jour désoler la
» société : celui qui y entre avec ses propres crimes, n'en sort

» qu'avec l'empreinte de tous les crimes d'autrui ; de sorte qu'on
» ne craint pas de dire qu'il serait moins dangereux pour la société
» de faire renfermer un homme quelconque que de le faire sortir
» de Bicêtre après qu'il y aura séjourné plusieurs années. Semblable
» à ces volcans dont les explosions ne sont jamais plus redoutables
» que lorsque les feux qu'ils vomissent ont été long-temps concentrés ».

Ce qu'on vient de dire de Bicêtre, peut malheureusement s'appliquer à presque toutes les prisons de la République : plus éloignées du centre des premières autorités, elles présentent encore un spectacle plus affreux, plus déchirant. A Bicêtre, au moins, les condamnés aux fers sont séparés des condamnés à la détention, et ceux-ci le sont des condamnés à la correction ; à Bicêtre, tous les prisonniers sont couchés sur des lits séparés ; ils sont suffisamment nourris, ils sont tenus proprement ; l'air circule abondamment dans leurs chambres, et ils ont de vastes préaux pour se promener, de sorte que le seul, mais le plus grave de tous les inconvéniens, est l'oisiveté perpétuelle dans laquelle on est forcé de les laisser croupir, faute d'ouvroirs et de moyens pour les établir : mais, dans presque tous les départemens, les prisons, restes impurs de l'ancienne féodalité, sont des lieux infects, de véritables cloaques, des antres immondes, sans air, sans étendue, où les rayons du jour ne pénètrent qu'avec peine, où les prévenus comme les condamnés, où les femmes comme les hommes, où les vieillards comme les enfans, sont entassés sur un fumier pourri, où ils languissent consumés par la misère, la famine et le désespoir, et d'où ceux qui y sont entrés innocens, ou coupables de délits légers, ne peuvent sortir qu'avec le germe de maladies incurables, et la propension la plus forte aux crimes de toute espèce avec lesquels ils n'ont eu que trop le temps de se familiariser. Je ferais frissonner si j'entrais ici dans les détails ; si je mettais sous les yeux du lecteur l'effroyable tableau des prisons ; si je comptais les nombreuses victimes des épidémies qui y règnent ; si je présentais l'image d'un moribond abandonné, sans secours, sur une paille hachée et remplie de vermine, exhalant au milieu de ses camarades les derniers soupirs, et achevant d'empoisonner, même avant sa mort, l'air déjà corrompu d'un cachot étroit qu'il partage avec plusieurs infortunés (1) : mais j'épargnerai les ames sensibles ; je ne soulèverai pas le voile qui couvre toutes les horreurs auxquelles les prisonniers sont en proie ; on croirait peut-être que je cherche à appitoyer sur le sort des ennemis de la société, de ceux au moins qu'une juste défiance a fait séquestrer de son sein, tandis que c'est moins la cause de ces hommes que je plaide, que celle de la société elle-même : et d'ailleurs, quand ils seraient criminels, les criminels ne sont-ils pas des hommes ! Oui, sans doute, et ils sont de plus nos compatriotes : la plupart sont plus malheureux que coupables ; et s'ils le sont devenus, ce n'est le plus souvent que par la négligence des magistrats, l'indifférence du gouvernement, l'imperfection ou le vice de nos lois. Le crime est souvent étranger à l'homme qu'il conduit à l'infamie ou à la mort. Calcule-t-on ce que peut sur lui l'empire des circonstances ? réfléchit-on que ce n'est souvent que par l'effet de nos institutions sociales qu'il entre dans la carrière du crime ou de la vertu, pour ainsi dire avant que ses yeux soient

---

(1) Entre mille et mille preuves que je pourrais donner à l'appui de ce que j'avance, je ne citerai que les fragmens d'une lettre qui vient d'être récemment adressée au ministre, par l'agent municipal d'une commune du département de Seine et Oise ; on y lit ces expressions déchirantes :

« Le tourment des détenus est de soutenir le poids de leur captivité et *de leur indigence* » *absolue* ; le mien est de les voir, de les entendre et de ne pouvoir les consoler par » aucun soulagement.

» *Nus pour la plupart, couverts de gale et de vermine*, suite inévitable de la mal- » propreté dans laquelle ils sont forcés de croupir, *exhalant tous une odeur infecte et* » *pestilentielle, leur aspect fait horreur*, et leurs cris plaintifs perceraient l'ame la plus » dure : car ils se contentent de se plaindre ; et il y a lieu de s'en étonner, vu qu'une » telle situation semblerait devoir les porter à la fureur et aux vociférations du désespoir. » En effet, à l'exception du pain qui leur est assuré par votre dernière ordonnance, ils » n'ont rien de ce que la loi et l'humanité ordonnent impérieusement de leur fournir.... » *L'infirmerie n'a ni bois, ni viande, ni médicamens* ; il y a plus d'un mois que les » malheureux *couchent sur la terre nue, faute de paille*, &c. ».

ouverts, et qu'elles jettent mille obstacles sur les pas de ceux qui veulent retourner en arrière ! pense-t-on aux vicissitudes des choses humaines, aux révolutions inattendues auxquelles tous les hommes sont soumis, et que des événemens qu'on ne peut ni prévoir ni prévenir, peuvent faire descendre les plus puissans, les plus élevés, et les réduire à leur tour à la condition des coupables. Ces réflexions, bien méditées, suffiront sans doute pour fixer l'attention de nos législateurs, sur le régime et la police intérieure des prisons, et pour provoquer à cet égard les lois les plus complètes. La chute du trône a dû entraîner celle de la tyrannie : la liberté, après avoir reconquis ses droits, s'est hâtée de rétablir ceux de l'humanité et de la justice ; et les premiers pas des mandataires du peuple français dans la carrière républicaine, ont eu pour objet d'assurer à jamais le règne de ces deux divinités bienfaisantes. Pourquoi donc souffre-t-on aujourd'hui qu'elles soient aussi impunément, aussi ouvertement outragées ! pourquoi l'homme une fois incarcéré (coupable ou non) cesse-t-il d'être traité comme homme ! pourquoi le prévenu est-il confondu avec l'accusé, celui-ci avec le condamné ! pourquoi les prisons de nos ci-devant seigneurs subsistent-elles encore ! pourquoi sont-elles devenues les tombeaux d'une foule innombrable de victimes qui y périssent tous les jours ! pourquoi ne présentent-elles ni sûreté, ni salubrité ! pourquoi les détenus y sont-ils amoncelés, couchés sur la dure, ou sur une paille humide et meurtrière ! pourquoi les indigens ne reçoivent-ils pour nourriture qu'un pain noir et grossier ! pourquoi sont-ils couverts de haillons à moitié pourris, ou dans une nudité presque absolue ! pourquoi, dans les maladies de toute espèce qui leur livrent une guerre éternelle, ne reçoivent-ils aucun secours, et sont-ils exposés à périr dans les angoisses du plus affreux désespoir ! pourquoi enfin les bris de prison sont-ils aussi fréquens dans les départemens, et comprommettent aussi cruellement la sûreté et la tranquillité publique ! C'est à la véritable cause de ces désordres qu'il s'agit maintenant de remonter, afin de pouvoir ensuite en indiquer le remède.

Causes de l'état actuel des Prisons.

L'article Ier du titre XIII de la loi du 29 septembre 1791, concernant la justice criminelle, porte « qu'il y aura près de
» chaque tribunal de district une *maison d'arrêt* pour y retenir ceux
» qui y seront envoyés par mandat d'officier de police ; et près de
» chaque tribunal criminel, une *maison de justice* pour détenir ceux
» contre lesquels il sera intervenu une ordonnance de prise-de-
» corps, *indépendamment des prisons qui sont établies comme peines* ».

A cette époque il n'existait d'autres prisons établies comme peines, que celles de l'ancien régime. Ces prisons, qui subsistent encore, attestent l'affreuse barbarie des despostes qui les avaient élevées ; cependant il fallut bien s'en servir pour la détention des condamnés, ou réunir ceux-ci dans les maisons destinées aux prévenus et aux accusés : mais le nombre des uns et des autres s'éleva si haut, qu'on fut forcé de les confondre tous dans les maisons de justice et dans les prisons.

L'assemblée nationale sembla vouloir parer à ces inconvéniens, en décrétant, le 6 octobre 1791 (1), que les condamnés aux fers, les femmes et filles condamnées à la reclusion, les condamnés à la gêne ou à la détention, seraient employés, dans l'intérieur des prisons, à des travaux forcés au profit de l'état ; mais elle déclara en même temps qu'il serait statué par un *décret particulier* (2), en quel nombre et dans quels lieux seraient formés les établissemens nécessaires à ces sortes de travaux. C'est de cette restriction faite par le corps législatif à la loi bienfaisante qu'il venait de rendre, que sont résultés la plupart des désordres dont il vient d'être parlé : mille et mille sollicitations faites, soit par les administrations départementales, soit par différens ministres qui se sont succédés,

---

(1) Code pénal, Ire partie, titre Ier, art. VI, X, XVI et XXII.
(2) Art. XII, XIII et XVII.

pour faire déterminer le nombre et le lieu de ces établissemens utiles, sont restées sans effet. L'assemblée législative a été également, et à mille reprises, sollicitée aussi infructueusement à cet égard ; la convention nationale n'a pas prêté une oreille plus attentive aux cris des administrations de département ou de district. Ainsi, depuis 1791 jusqu'à présent, la loi est demeurée sans exécution, et les maisons de détention sont encore à former. On croyait au moins pouvoir s'occuper de l'établissement des maisons d'arrêt et de justice ; le corps législatif avait ordonné qu'il en serait établi près les tribunaux de district et près les tribunaux criminels, et il n'était plus question que de faire exécuter la loi à cet égard. Les ministres s'empressèrent donc de donner aux départemens les instructions convenables : des circulaires, plus pressantes les unes que les autres, leur furent adressées pour la classification tant des maisons d'arrêt et de justice, que de celles de correction, qui, aux termes de la loi du 22 juillet 1791, relative à l'organisation d'une police municipale , doivent être autant de maisons de travail. Vains efforts ! les prisons étaient alors à la charge des administrés ; les nombreux sacrifices qu'ils venaient de faire à la révolution , les avaient tellement épuisés, qu'aucun département ne put fournir aux dépenses que les établissemens ordonnés par la loi exigeaient ; et presque toutes les administrations déclarèrent que si on voulait les former , il fallait leur abandonner des bâtimens nationaux propres à cet usage, et faire , aux dépens du trésor public, tous les frais de réparations , d'agrandissemens et de constructions. Le corps législatif sembla se prêter à ces circonstances difficiles ; plusieurs lois furent rendues , dont les unes autorisèrent quelques corps administratifs à acquérir ou à louer des bâtimens nationaux propres à la tenue de leurs séances , et dont les autres leur permirent de former des demandes tendant à en obtenir la concession pour l'établissement des maisons d'arrêt , de justice et de correction : ces demandes, qui pour être accueillies devaient être accompagnées

B

de plans, de devis, de procès-verbaux estimatifs, et appuyées de l'avis du ministre de l'intérieur, furent par lui successivement transmises aux différentes assemblées législatives, avec de vives instances d'y donner leur assentiment ; mais presque toutes restèrent ensevelies dans la poussière des bureaux du comité des domaines, d'où elles passèrent dans les cartons des comités des finances et des travaux publics, dans les archives desquels elles sont encore probablement enterrées : de là, l'état affreux dans lequel restèrent les prisons. Il fallut bien se servir de celles élevées par les ci-devant seigneurs ; et l'on sait si l'humanité avait présidé à leur construction. Ces cavernes pestilentielles étaient répandues en grand nombre sur la surface de la France ; leur multiplicité suppléa donc à leur peu d'étendue : mais il était impossible de les assainir sans de grandes dépenses ; et les administrés étant hors d'état de les supporter, on se contenta d'y faire quelques réparations qui tenaient plus à la sûreté qu'à la salubrité. Cependant, le 19 fructidor de l'an 2.ᵉ, intervint une loi qui en ordonnant le versement de toutes les impositions dans le trésor public, déclara qu'à l'avenir toutes les dépenses administratives seraient supportées par le gouvernement. La commission des tribunaux profita des dispositions de cette loi, pour engager les administrations de district, à qui la surveillance en fut attribuée par un décret du 2 nivôse, de s'occuper enfin des améliorations du régime des prisons. Elles furent autorisées à les faire visiter par des architectes, à en dresser les plans, à faire faire les devis des dépenses indispensables pour les rendre sûres et salubres ; elles furent autorisées à puiser dans les caisses des receveurs du droit de l'enregistrement, tous les fonds nécessaires à cet effet : précautions inutiles ! le gouvernement révolutionnaire était en pleine activité ; la loi contre les suspects s'exécutait dans toute sa rigueur ; que dis-je, s'exécutait ! elle était horriblement interprétée, outre-passée: on incarcérait inhumainement et sans distinction tous les nobles, tous les prêtres, tous les riches, tous les hommes énergiques ou instruits. Loin de s'occuper d'assainir les prisons et d'en agrandir l'enceinte déjà trop resserrée, on y amoncela de nouvelles victimes ; et quand il fut absolument impossible d'y en entasser un plus grand nombre, on s'empara alors des bâtimens nationaux qu'on trouva sous sa main. Les fonds destinés aux réparations des anciennes prisons, furent employés aux dépenses nécessitées par l'établissement des nouvelles ; et le sort des prévenus de délits et des condamnés, jetés ensemble et confondus dans les maisons d'arrêt et de justice, empira de plus en plus, et n'est plus supportable aujourd'hui.

La fameuse époque du 9 thermidor parut devoir apporter quelque changement à leur malheureuse situation : les suspects qui avaient survécu aux affreuses boucheries de Robespierre et de Fouquier-Tinville, furent mis en liberté ; un grand nombre de bâtimens nationaux dont on s'était emparé sans autorisation, furent évacués, et on pouvait y faire refluer les prévenus de délits ou les accusés, en les convertissant en maisons d'arrêt et de justice. Mais si les comités révolutionnaires et les directoires de district en avaient disposé de leur chef, la commission des tribunaux ne crut pas devoir suivre cet exemple pernicieux ; elle se concerta avec la commission des travaux publics pour obtenir à cet égard l'autorisation de la convention nationale, rendue nécessaire par plusieurs décrets. Aucune décision n'intervint : le comité des travaux publics, emporté probablement par d'autres objets, n'examina aucune des demandes qui lui furent adressées, ou ne trouva pas un moment favorable pour faire ses rapports à la convention, et les choses restèrent toujours dans le même état.

Enfin arriva cette époque si désirée par tous les ennemis de l'anarchie, l'époque de la proclamation de la constitution de l'an 3.ᵉ et de sa mise en activité. La convention nationale, avant de terminer sa session, avait, par une loi du 19 vendémiaire, déterminé l'emplacement des chefs - lieux de département, ainsi que celui des tribunaux *civils*, *criminels* et *correctionnels*, et, par une seconde loi du 3 brumaire, déterminé l'emplacement des maisons d'arrêt et de justice près le siège de ces derniers tribunaux. Le ministre actuel de l'intérieur profita avec empressement des dispositions de ces deux lois, pour tracer aux administrations centrales, dans une circulaire fort étendue, la marche qu'elles avaient à suivre pour accélérer l'établissement des maisons d'arrêt et de justice, conformément au vœu des lois antécédentes et à celui de la nouvelle constitution. Déjà, de tous côtés, des bâtimens nationaux parfaitement propres à cet usage, avaient été indiqués et choisis par les administrations ; les plans en avaient été levés, les devis estimatifs des réparations à faire avaient été dressés, et il ne s'agissait que de provoquer l'autorisation du corps législatif pour pouvoir les convertir en maisons d'arrêt et de justice, et les substituer aux affreux cloaques où gémissent encore aujourd'hui tant d'infortunés ; mais survint la loi du 4 ventôse dernier, qui défend de disposer d'aucun bâtiment national en faveur des établissemens publics, sans l'autorisation du corps législatif, sur une demande motivée et accompagnée non-seulement des plans et devis, mais encore *de soumissions d'entrepreneurs pour l'exécution à forfait des constructions, réparations et autres dépenses quelconques que pourrait coûter l'établissement.* Cette dernière disposition de la loi, dans toute autre circonstance que celle où nous nous trouvons eût été fort sage sans doute ; elle aurait mis les finances à l'abri de l'avidité des architectes et entrepreneurs, dont les devis estimatifs sont toujours au-dessus de la dépense effective qu'ils font en définitif, et leur soumission pour l'exécution à forfait des ouvrages détaillés dans leur devis aurait mis un frein à leur zèle et à leur extrême activité : mais dans un moment où les calculs n'ont aucune base fixe, où le prix des matériaux et de la main-d'œuvre varie, pour ainsi dire, à chaque minute, où le mandat comme l'assignat est rebuté ouvertement et impunément par les fournisseurs et les ouvriers, croit-on que l'on puisse trouver des soumissionnaires *à forfait,* et que la loi dont il s'agit soit exécutable ! n'est-il pas évident au contraire qu'elle paralyse l'effet de toutes les lois précédentes, et des mesures prises par le ministre de l'intérieur pour en remplir le vœu! Aussi a-t-elle porté le coup le plus funeste à l'humanité et à la sûreté publique. Aucune soumission n'a été faite, et les prisons sont restées dans le plus affreux délabrement; les épidémies commencent à régner dans le plus grand nombre; la contagion menace non-seulement tous les prisonniers qu'elles renferment, mais encore les habitans des communes où elles sont situées; les gardiens succombent aux influences de l'air empoisonné qu'ils y respirent; la plupart abandonnent leur poste, à cause des dangers qu'ils courent relativement à leur santé et à leur sûreté individuelle; les évasions se multiplient de la manière la plus effrayante, et il n'est bientôt plus possible d'en arrêter le cours funeste. Ces malheurs prennent leur source, non-seulement dans l'insalubrité et le mauvais état des prisons, mais encore dans le désespoir auquel la nudité, la misère et la faim réduisent les prisonniers. Il existait autrefois des compagnies de charité qui venaient constamment à leur secours; les riches contribuaient de leur côté pour adoucir leur sort, et on leur distribuait le linge, les vêtemens et la nourriture qui leur étaient refusés par le gouvernement. Aujourd'hui ces bienfaits ne subsistent plus; le prisonnier est abandonné à toutes les horreurs de la famine, à tous les tourmens de l'oisiveté. La loi ordonne bien qu'il soit suffisamment nourri; mais la plupart des départemens manquent des ressources nécessaires, et on peut à peine lui assurer une livre et demie de pain : la loi veut bien qu'il soit occupé à des travaux utiles, dans des maisons destinées à cet usage; mais elle n'a pas encore indiqué en quel nombre et en quel lieu seront établies ces maisons. Des crédits sont bien ouverts aux administrations pour les réparations des prisons actuelles, et pour la dépense relative à la nourriture et au vêtement des détenus; mais le mandat est discrédité, il ne peut faire le service; les ouvriers refusent de travailler, si on ne les paie comptant et en numéraire; les fournisseurs tiennent la même conduite; et si le ministre de l'intérieur n'avait pris le parti de faire délivrer, sur le produit des contributions en nature, le grain nécessaire à la fabrication du pain des prisonniers, il fallait ou les laisser périr de rage dans leurs cachots, ou leur en ouvrir les portes, ainsi qu'ont menacé et menacent journellement de le faire un grand nombre d'administrations.

Moyens d'améliorer et de perfectionner le régime des Prisons.

Si le tableau des maux que je viens de dépeindre et dont je n'ai cependant tracé qu'une bien faible image, est déchirant ; si j'ai porté malgré moi l'affliction dans les cœurs sensibles, et fait craindre qu'il fût impossible ou au moins très-difficile d'y apporter un prompt remède, qu'on se rassure : les plaies sont profondes, sans doute, mais les moyens de guérison sont tout prêts ; plusieurs lois les ont prévus, les ont indiqués, et il ne s'agit que de se hâter de les employer.

En effet, qu'on sépare les détenus en trois classes principales : savoir : les *prévenus de délits*, qui seront envoyés dans les maisons d'arrêt près les tribunaux correctionnels ; les *accusés*, qui seront traduits dans la maison de justice près le tribunal criminel ; et les *condamnés* à quelque peine que ce soit, qui seront renfermés dans une maison de détention, où ils seront employés à des travaux utiles. Ainsi l'ordonnent les lois des 22 juillet, 29 septembre et 6 octobre 1791 ; ainsi l'exige impérativement le code des délits et des peines : mais que l'exécution de ces lois cesse d'être entravée, tant par les dispositions des articles XII, XVIII et XXVII du code pénal, que par celles de la loi du 4 ventôse, qui assujettit aux plus lentes formalités, et prescrit des conditions impossibles à remplir ; mais que le ministre de l'intérieur puisse, après un mûr examen et quand il l'aura jugé utile, autoriser les administrations de département à disposer de tel ou tel bâtiment national pour en faire une maison d'arrêt ou de justice ; que le corps législatif s'en rapporte à sa discrétion, à sa prudence, à son dévouement aux intérêts de la République, et que l'homme qui connaît le mieux la situation déplorable de ces maisons et les moyens de leur en substituer de sûres et de salubres, puisse se concerter promptement à cet égard avec les autorités constituées. Cette marche me paraît rapide et sûre ; elle n'entraîne après elle aucun inconvénient, et on ne peut pas craindre qu'on élève ces maisons en trop grand nombre, puisque celui des tribunaux criminels et correctionnels près lesquels elles doivent être établies, est déterminé par la loi du 19 vendémiaire dernier. Quant aux maisons de détention, que le corps législatif en ordonne promptement l'établissement ; qu'il détermine enfin en quel nombre et dans quels lieux elles seront placées, et que la loi à intervenir autorise également le ministre de l'intérieur, soit à disposer du petit nombre de bâtimens propres à cet usage, soit à ordonner les constructions nécessaires, d'après des plans bien conçus et des devis dressés par des architectes économes et intelligens : bientôt alors presque tous les abus disparaîtront. Une forte impulsion est donnée depuis long - temps par le ministre ; mais pour qu'il puisse obtenir un plein succès, il faut, on ne saurait trop le répéter,

1.° Que les bâtimens désignés de toutes parts près les tribunaux criminels et correctionnels pour servir de nouvelles maisons d'arrêt et de justice, puissent être très-incessamment mis à la disposition des administrations de département ;

2.° Qu'un *certain nombre* de maisons de détention, où il sera établi des ouvroirs, *s'élèvent promptement* sur plusieurs points du sol de la République ;

3.° Enfin, que toutes les dépenses relatives à ces établissemens soient à la charge du gouvernement.

Sans cette triple mesure, il est impossible d'améliorer et encore moins de perfectionner le régime des prisons ; sans cette triple mesure, elles sont, *pour ainsi dire*, *condamnées* à une insalubrité perpétuelle, à laquelle tout l'art des architectes ne pourra remédier.

Quelques réparations qu'on fasse à la plupart de celles qui existent, on ne pourra jamais les rendre sûres ni salubres, y contenir les nombreux scélérats qui s'en échappent tous les jours, et mettre la société à l'abri des nouveaux excès dont ces monstres se rendent continuellement coupables : mais que la loi du 3 brumaire s'exécute ; que celle du 4 ventôse n'apporte plus d'obstacle à son exécution ; que les prévenus soient envoyés dans la maison d'arrêt près les tribunaux correctionnels ; que les accusés passent dans les maisons de justice près les tribunaux criminels : alors, et jusqu'à l'établissement des maisons de détention conformément au vœu du code pénal, les condamnés restent seuls dans les prisons actuellement existantes ; des hommes présumés innocens puisqu'ils ne sont pas encore jugés coupables, ne sont plus confondus avec des scélérats ; on n'a plus à craindre la contagion du crime ; l'encombrement des prisons n'a plus lieu ; la salubrité règne ; les coupables sont mieux surveillés ; les projets d'évasion sont déjoués ; et l'ordre commence enfin à s'établir. Mais ce qui doit sur-tout fixer l'attention du corps législatif, c'est l'introduction du travail dans les maisons de détention à établir : cette mesure sera le complément de toutes les réformes à faire relativement aux prisons ; elle diminuera d'ailleurs les dépenses nationales, et tarira la source des plus grands vices.

La convention nationale avait si bien senti la nécessité d'occuper enfin les condamnés, que par un décret du 28 vendémiaire de l'an 3.e, rendu sur un rapport fait, au nom du comité des secours, par le représentant du peuple Paganel, elle avait ordonné à ses comités d'agriculture et des arts, de commerce et approvisionnemens, de prendre sans délai des mesures pour employer à un travail utile, journalier et non interrompu, les détenus de l'un et l'autre sexe. Cette loi bienfaisante n'a reçu son exécution qu'à Paris ; encore les femmes seules ont-elles mérité la bienveillance du comité des secours. La maison de Lazare a été convertie en une maison de travail, où toutes les condamnées à la détention, à la correction et

à

à la reclusion, enfermées dans des quartiers séparés, sont occupées constamment à des travaux utiles: mais les hommes sont restés dans l'oubli; et la maison de force de Bicêtre renferme, en ce moment (30 prairial an 4.e), neuf cents condamnés croupissant dans la plus dangereuse oisiveté, occupés jour et nuit de projets d'évasion, et prêts à tout risquer pour briser leurs fers et pouvoir se livrer à de nouveaux forfaits. Une soixantaine d'individus seulement y travaillent au poli des glaces; la distribution du local ne permet pas d'y en employer davantage. La commission des tribunaux a fait de vains efforts pour faire profiter cette maison du bénéfice de la loi; mais un arrêté du comité des travaux publics est venu suspendre son zèle, en défendant tout-à-coup toute espèce de travaux dans les prisons, et il a fallu laisser le décret du 28 vendémiaire sans exécution. Les bonnes lois, les lois sages et utiles ne sont pas, comme on le voit, celles qui sont le plus respectées. Celle du 17 septembre, contre les suspects, a eu, dans toute la République, une exécution aussi rapide que funeste. Deux mille bastilles ont été élevées, pour ainsi dire, en un clin d'œil; presque tous les bâtimens nationaux ont été sur-le-champ convertis en maisons d'arrêt, et bientôt des milliers de citoyens y ont été enfermés jusqu'à ce qu'il plût aux décemvirs de les faire traîner à leur affreux tribunal: par quelle fatalité la convention nationale, qui avait anéanti ces anthropophages, et qui venait de proclamer la loi du 28 vendémiaire, n'a-t-elle pu parvenir à la faire exécuter! et quelle loi cependant pouvait l'honorer davantage! Le comité de législation était tenu, par l'article Ier, de lui présenter, dans la première décade de brumaire, un projet de loi sur la police et le régime des prisons; il était, par l'article II, ordonné au comité des travaux publics de prendre, sans délai, toutes les mesures nécessaires pour rendre habitables et salubres les maisons d'arrêt, de répression, de détention, et les hospices de santé susceptibles de le devenir; et pour remplacer ceux desdits établissemens qui devraient être abandonnés, par d'autres qui réunissent l'avantage

C

de la sûreté et de la salubrité. Deux autres comités étaient chargés, par l'article III, de l'introduction, *sans délai*, des travaux dans ces tristes demeures. Par l'article IV, le comité des secours était autorisé de procurer aux vieillards, aux infirmes, aux malades, et généralement à tous les détenus, une nourriture saine et suffisante, ainsi que le linge et les vêtemens indispensables. Enfin il était enjoint, par l'article V, à chacun des comités, de rendre compte, avant le 20 brumaire, des mesures qu'il était chargé de prendre. Mais qu'a produit cette loi, si complétement bienfaisante, et frappée au coin de la justice et de l'humanité ! L'établissement de la maison de Lazare en a été l'unique résultat. Le comité de législation a bien présenté, à l'époque déterminée, son travail particulier et un projet de décret sur la police et le régime intérieur des prisons ; mais les comités des travaux publics, d'agriculture et des arts, de commerce et des approvisionnemens, n'ayant rendu aucun compte de leurs mesures préparatoires, le beau projet de la convention nationale s'est enseveli dans le plus profond oubli, et personne n'a eu la pensée de le reproduire avant la fin de sa session. Dès ses premiers pas dans la carrière qui lui a été ouverte, le ministre de l'intérieur, BENEZECH, a porté ses regards sur les prisons : affligé de l'état affreux dans lequel il les a trouvées, il s'est hâté d'attirer sur elles toute l'attention des administrations ; il leur a adressé des circulaires instructives et pressantes : mais tous ses efforts ont échoué au moment où il croyait les voir couronnés du plus heureux succès. La fatale loi du 4 ventôse est survenue, de nouvelles formalités ont été prescrites pour la disposition des bâtimens nationaux convenables aux établissemens publics ; et jusqu'à ce que les administrations aient pu s'y conformer, il a fallu laisser encore subsister le mélange monstrueux des prévenus, des accusés et des condamnés, et tous les inconvéniens fâcheux qui en sont la suite. Pour y remédier autant qu'il était en lui, le ministre a, le 19 pluviôse dernier, fait au directoire exécutif un rapport sur l'état actuel des prisons, et sur la nécessité de l'établissement des maisons de force , de gêne , de reclusion et de détention, ordonné par le code pénal. Le directoire, pénétré de l'urgence de ces établissemens , et de l'avantage inappréciable qui doit en résulter en faveur de la société et des condamnés eux-mêmes , a adressé à ce sujet, le 25 du même mois , un message au conseil des cinq-cents , qui s'est empressé de nommer une commission chargée d'examiner le message , et de présenter ses vues sur le nombre des maisons de force qu'il convient d'établir , et sur les lieux où il convient de les fixer. On peut donc espérer que bientôt ces établissemens précieux vont se former , et que le corps législatif (en réalisant le vœu bien prononcé des trois assemblées nationales qui l'ont précédé) , va faire évanouir tous les obstacles qui en ont jusqu'à présent empêché la création.

Je crois devoir présenter ici quelques idées, fruits de mon expérience, de quelques méditations sur le régime des prisons, et de la correspondance que j'entretiens depuis long-temps à ce sujet, au nom des différens ministres, avec toutes les administrations de département. En faisant part de ces idées, j'aurai payé une partie du tribut que tout bon citoyen doit à sa patrie, et j'aurai joui de la douce espérance d'avoir contribué, autant qu'il aura été en moi, au soulagement de l'humanité, à la restauration des mœurs dans les prisons, et au bonheur de la société, dont les êtres immoraux que les prisons revomissent continuellement dans son sein, sont, au milieu des factions qui nous déchirent, un des plus épouvantables fléaux.

L'article XII du titre Ier de la première partie du code pénal porte « qu'il sera statué par un décret particulier, en quel nombre
» et dans quels lieux seront formés les établissemens des maisons
» de force et de reclusion, destinées, les premières, aux hommes
» condamnés aux fers ; les secondes, aux femmes ou filles qui auraient
» encouru la même peine, mais qui, à cause de leur sexe, ne sont
» pas susceptibles de leur application ». Les articles XVIII et XXVII

contiennent les mêmes dispositions, relativement aux peines de la gêne et de la détention ; d'où il paraîtrait résulter qu'il faudrait établir autant de maisons particulières qu'il y a de peines différentes prononcées par la loi. Je suis loin de penser qu'il faille autant de prisons distinctes qu'il y a de sortes de condamnés ; une seule maison, si on en conçoit bien le plan, suffira pour les coupables de toute espèce condamnés par les tribunaux criminels et par les conseils militaires : car je crois immoral de placer près d'eux les condamnés par voie de police correctionnelle. Il ne faut pas qu'on voie rassemblés sous le même toit, l'homme auquel la loi n'a pas ôté l'honneur, qui est encore citoyen, et l'homme qui a perdu ce titre honorable, et est noté d'infamie. Il faut isoler le crime, tenir éloignés du lieu qu'il infecte de son souffle contagieux des hommes d'autant plus susceptibles d'en recevoir les funestes impressions, que s'ils ne sont pas encore criminels, ils ne sont cependant déjà plus innocens. Je crois donc qu'on pourrait placer dans des quartiers séparés d'une même maison, tous les individus condamnés aux peines des fers, de la reclusion, de la gêne et de la détention, parce que ces peines, quoique différentes entre elles, ont cependant cela de commun, qu'elles sont toutes afflictives et infamantes ; et je pense qu'on pourrait encore réunir, dans un seul département, les condamnés par les tribunaux criminels de plusieurs départemens circonvoisins. J'en donnerai bientôt la raison. Quant aux condamnés par la police correctionnelle, il peut y avoir une utilité morale de ne les pas éloigner du lieu où ils ont été jugés ; placés dans celui de leur domicile, ils seront plus sensibles à une peine qu'ils subiront près de leur famille, au centre de leurs connaissances dont elle fixera sur eux les regards : la crainte de ces regards rendra leur conduite plus régulière ; ils voudront, au moment où ils seront rendus à la liberté, avoir déjà recouvré des droits à l'estime de leurs concitoyens ; les communications qu'ils auront la faculté d'entretenir avec leurs parens et leurs amis, feront naître cet heureux desir dans les uns, le fortifieront dans les autres ; des travaux assidus les laissant moins livrés à eux-mêmes et aux suggestions d'autres coupables comme eux, ils reviendront plus facilement aux principes d'honnêteté qu'ils avaient méconnus, et ils rentreront dans le sein de la société plus disposés à en respecter les lois et à en maintenir l'harmonie. C'est parce qu'il était bien pénétré de ces principes, que le ministre de l'intérieur a, par une circulaire du 16 pluviôse dernier, autorisé les administrations départementales à diviser les maisons d'arrêt près les tribunaux correctionnels en deux grands quartiers, dont l'un serait consacré aux justiciables du tribunal ; l'autre, où il serait établi des ouvroirs, aux individus condamnés par le même tribunal ou incarcérés en vertu d'arrêté de famille ; et à subdiviser ensuite ces deux quartiers de manière que les âges et les sexes fussent séparés entre eux. Cette mesure recevra son exécution dès que la loi du 4 ventôse n'y sera plus obstacle ; ainsi il ne s'agit en ce moment que des condamnés par les tribunaux criminels, et des moyens de les réunir dans des lieux où ils puissent être employés à des travaux utiles ou forcés, au profit de l'état.

Mais en quel nombre seront ces établissemens ! dans quels lieux seront-ils fixés ! seront-ils formés aux dépens du trésor public, ou aux dépens des administrés ! Telles sont les trois questions importantes que je me propose de parcourir, et sur lesquelles je vais essayer de jeter quelques faibles lumières.

1.º D'après les détails résultant de la correspondance des autorités constituées avec le ministre de l'intérieur, il est reconnu que le nombre des condamnés, dans trente-trois départemens, ne s'élève annuellement qu'à environ cinq mille, y compris les condamnés par les tribunaux correctionnels ; en réduisant à trois mille le nombre des condamnés par les tribunaux criminels de ces trente-trois départemens, il s'ensuivrait que dans toute l'étendue de la République, dont ils forment le tiers, en y comprenant les pays réunis, la totalité des condamnés aux fers, à la reclusion, à la gêne et à la détention, ne s'élèverait pas au-delà de neuf mille, ce qui en donnerait par département environ quatre-vingt-dix; mais ce nombre n'est pas également réparti entre eux. Ceux de l'Arriége et de la Creuse ne donnent que douze ou quinze condamnés de ce genre; ceux de l'Allier, du Cantal, des Basses-Alpes, du Gers, des Pyrénées-orientales, et quelques autres, n'en présentent qu'une vingtaine chacun. Celui du Bas-Rhin en offre en ce moment six mille; celui de la Côte-d'Or trois cents; ceux du Gard et de l'Hérault, chacun deux cents; et le surplus, de cinquante à soixante aussi chacun. Et quand il serait vrai qu'ils fussent en nombre égal dans chaque département, fera-t-on dans chacun d'eux, et pour chaque nature de condamnés, les frais d'une maison de détention organisée comme elle doit l'être ! cette dépense ne serait-elle pas ruineuse, soit pour le trésor public, soit pour les administrés ! et à quelle époque pourroit-on espérer de voir tous ces établissemens achevés ! Pour les rendre le moins onéreux possible, et aussi utiles qu'ils sont susceptibles de le devenir, je pense qu'il conviendrait d'y réunir un assez grand nombre de bras, qui, utilement employés, donneraient d'un côté un surcroît de vie et d'activité au commerce des habitans ou manufacturiers qui alimenteraient le travail des détenus; de l'autre, exciteraient une heureuse émulation parmi les ouvriers libres. Ainsi, en portant à cinq ou six cents le nombre des individus qu'on rassemblerait dans un seul département, et en établissant vingt maisons de détention sur la surface de la République, on y pourrait renfermer dix à douze mille condamnés, ce qui excède de beaucoup le nombre de ceux qui existent en ce moment. Ce rassemblement de cinq à six cents personnes ne peut avoir rien d'inquiétant: la maison de Lazare, à Paris, en contient aujourd'hui cinq cent trente; et au moyen des travaux auxquels on les occupe, le plus bel ordre y règne, les mœurs commencent à s'y épurer, l'habitude de l'oisiveté s'y perd; les condamnés reçoivent chaque décade la rétribution du tiers du produit de leur travail journalier;

le second tiers est mis en réserve pour leur être délivré à leur sortie, et le surplus est versé dans la caisse nationale, pour indemniser la République des frais d'établissement.

2.º En réduisant à vingt le nombre des maisons de détention, dans quels lieux convient-il de les fixer ! Pour bien résoudre cette question, il faut se faire une idée juste et précise de la destination de ces sortes d'établissemens, du genre de travail qu'il est nécessaire de procurer à chacun des condamnés, et des moyens convenables pour y réunir la sûreté et la salubrité. En ouvrant le code pénal, on voit que les condamnés aux fers, et les femmes ou filles condamnées à la reclusion, doivent être employés à des travaux forcés, au profit de l'état; tandis que les condamnés à la gêne et à la détention doivent obtenir du travail à leur choix. On voit que le condamné aux fers doit traîner à l'un de ses pieds un boulet attaché avec une chaîne de fer, tandis que les autres condamnés sont sans fers ni liens. On voit encore que tous peuvent communiquer entre eux, excepté le condamné à la gêne, qui doit être enfermé seul dans un lieu éclairé, mais sans pouvoir, pendant toute la durée de sa peine, avoir aucune communication avec les autres condamnés ou les personnes du dehors. Ainsi je conçois une maison de détention divisée en six grands quartiers : le premier destiné aux condamnés aux fers, le second aux condamnés à la reclusion ; tous deux doivent être d'un aspect sévère, d'une construction, d'une distribution imposante. Ce sont, après les assassins, les plus grands criminels qui y seront renfermés. Les travaux auxquels on doit les assujettir, doivent être plus pénibles que ceux auxquels se livreront les autres condamnés. S'ils travaillent pendant le jour dans des ouvroirs communs, il est indispensable qu'on les sépare pendant la nuit. La solitude et le silence effraient le crime ; ils portent l'ame à la réflexion, et la réflexion au repentir. Le méchant est un homme dépravé; dans le recueillement et le calme, il s'épure ; et les heures silencieuses et pensives ramènent plus d'hommes égarés ou coupables à l'amour de l'ordre et de l'honnêteté, que les punitions les plus sévères et les plus fortes exhortations. Cet isolement des grands criminels pendant la nuit a encore d'autres avantages ; il rend les prisons plus sûres : c'est pendant la nuit que les projets d'évasions se forment ; c'est sous son voile qu'ils s'exécutent. L'homme solitaire sent sa faiblesse ; il craint plus qu'il n'espère ; il n'est pas entreprenant : il faut donc pour chacun des condamnés de ce genre, une chambre séparée pour la nuit ; il leur faut, pour les travaux du jour et pour les momens consacrés à l'exercice de la promenade, de vastes ouvroirs et des préaux aérés.

Le code pénal exigeant que les condamnés à la gêne soient renfermés seuls et ne puissent en aucun temps communiquer avec qui que ce soit, il faut deux autres quartiers séparés, l'un pour les hommes, l'autre pour les femmes, et une chambre particulière pour chacun d'eux. Il n'est pas besoin d'ouvroirs, puisqu'il doit leur être procuré du travail dans les chambres où ils seront détenus ; leur quartier doit être conséquemment moins vaste, avec d'autant plus de raison, que la peine qui leur est infligée est applicable à des délits d'une espèce heureusement très-rare.

Il faut aussi deux grands quartiers séparés pour les hommes et les femmes condamnés à la détention : quoique chacun d'eux puisse s'occuper séparément à des travaux de son choix dans le nombre de ceux qui sont indiqués par les administrateurs de la maison, je crois plus convenable de les réunir dans des ouvroirs communs, où la surveillance étant moins divisée, sera plus facile à exercer, et où il régnera nécessairement plus d'ordre et d'émulation. Chacun de ces quartiers doit être ensuite subdivisé pour la séparation des âges et des prisonniers plus ou moins dangereux ; il exige une infirmerie, des cours, des chambres de discipline, &c. &c. &c. Il faut, dans l'intérieur de la maison, un logement suffisant pour les administrateurs et les préposés à la surveillance des travaux, pour le concierge, les gardiens et autres employés ; on doit y trouver des magasins pour l'approvisionnement des vivres, pour la toile, le fil,

le

le coton, le lin, le chanvre et autres matières nécessaires au travail des détenus; il faut des puits, des fontaines, des réservoirs, et tout ce qui peut et doit contribuer à la salubrité d'un lieu où beaucoup d'hommes sont rassemblés : la réunion indispensable de tous ces objets exige un vaste emplacement; la sûreté d'une maison aussi considérable ne peut être établie que par un chemin de ronde dont elle serait enveloppée, et cette maison doit être située dans le lieu le plus favorable à l'établissement et à l'entretien des travaux qu'il faut établir. Il est peu de bâtimens nationaux, quelque vastes qu'ils soient, qui conviennent, par leur construction, par leur force, par leurs distributions, et sur-tout par leur site, à l'établissement dont il s'agit; la plupart de ceux qu'ont indiqués les administrations de département comme propres à cet usage, sont éloignés, soit des chefs-lieux, soit des rivières ou des grandes routes; il faudrait y faire des réparations, des constructions considérables, pour les convertir en maisons d'arrêt; et jamais ils ne rempliraient le but qu'on se propose. Pleinement convaincu de cette vérité, j'ai recherché avec soin quels sont, sous tous les rapports, les lieux les plus favorables à ces sortes d'établissemens, et voici de quelle manière je pense qu'ils pourraient être utilement et assez également distribués sur le sol de la République.

Trois seraient placés dans les départemens du nord de la France ;

Savoir :

Un à Arras, *sur la Scarpe*, département du Pas-de-Calais ;
Un second à Baïeux, *sur l'Aure*, département du Calvados ;
Un troisième à Rethel, *sur l'Aisne*, département des Ardennes.

Deux seraient placés dans les départemens de l'est ;

Savoir :

Un à Épinal, *sur la Moselle*, département des Vosges ;
Un autre à Nantua, *sur les bords d'un Lac*, département de l'Ain.

D

Deux autres seraient placés dans les départemens de l'ouest ;

S A V O I R :

Le premier à Dinan, *sur la Rance*, département des Côtes-du-Nord ;
Le second à Nantes, *sur la Loire*, département de la Loire-Inférieure.

Sept seraient placés dans les départemens du centre ;

S A V O I R :

Un à Bicêtre, près Paris, département de la Seine (1) ;
Un second serait placé à Troyes, *sur la Seine*, département de l'Aube ;
Un troisième à Château-du-Loir, *sur le Loir*, département de la Sarthe ;
Un quatrième à Bourges, *sur l'Auron*, département du Cher ;
Un cinquième à Autun, *sur l'Arroux*, département de Saone-et-Loire ;
Un sixième à Clermont-Ferrand, département du Puy-de-Dôme ;
Et le septième à Angoulême, *au pied de la Charente*, département du même nom.

Enfin, six autres seraient placés dans les départemens du sud ;

S A V O I R :

Un à Agen, *sur la Garonne*, département de Lot-et-Garonne ;
Un second à Saint-Geniez, *sur le Lot*, département de l'Aveyron ;
Un troisième à Embrun, *au pied de la Durance*, département des Hautes-Alpes ;
Un quatrième à Oléron, *sur le Gave* du même nom, département des Hautes-Pyrénées ;
Un cinquième à Limoux, *sur l'Aude*, département de l'Aude ;
Et le sixième à Tarascon, *sur le Rhône*, département des Bouches-du-Rhône.

---

(1) Il faudrait en faire sortir les pauvres, et leur donner un autre asyle moins flétri dans l'opinion.

Je n'ai pas compris dans ce tableau les départemens de la Belgique, dont je ne connais pas bien encore la position topographique. Il y existe d'ailleurs des établissemens de ce genre, connus sous le nom de maisons de correction, qui pourraient servir de modèle aux maisons de détention que je propose d'établir : l'une est située à Gand (département de l'Escaut), sur le bord du canal de Gand, vers Bruges, et peut contenir neuf cent cinquante-quatre prisonniers des deux sexes ; l'autre est située à Wilvorde, à deux lieues de Bruxelles, dans le département de la Dyle. Cette dernière maison est d'une telle étendue, qu'elle peut contenir deux mille prisonniers, qui seraient, comme ceux de Gand, divisés en autant de classes que la loi l'exige ; elle est baignée par le canal de Bruxelles et par un bras de la Senne. Ces deux établissemens étaient, avant la guerre, si bien organisés, que par l'économie et la bonne administration qui y présidaient, elles se suffisaient à elles-mêmes par le seul travail des détenus, qui se bornait dans l'une à la filature, et s'étendait, dans celle de Gand, à la manufacture des draps et étoffes de laine de toute espèce, à la filature du coton, du chanvre, du lin, à la fabrique des filets de chanvre pour la pêche des harengs, à la fabrique des toiles et autres étoffes, à la rape du bois de campêche, aux métiers de charpentier, de menuisier, de forgeron, de tailleur, de cordonnier et autres. Ces deux maisons suffiraient probablement pour la réunion de tous les condamnés par les tribunaux criminels des neuf départemens réunis ; et il ne sagit que d'autoriser les administrations centrales de la Dyle et de Gand à les consacrer à cette destination.

Je n'entrerai pas ici dans tous les développemens que je pourrais donner pour démontrer les avantages inappréciables qui résulteraient du placement des maisons de détention dans les lieux que je viens d'indiquer. Je ferai seulement remarquer que tous sont abondans en grains, en chanvre, en lin, en laines ; que dans tous, excepté à Bourges, qui est obligé d'exporter dans les départemens voisins ses matières premières, il existe des manufactures en très-grand nombre et de plusieurs natures. On fabrique dans les unes des étoffes communes de velours de coton, de draps grossiers, de grosses couvertures, des tapisseries de pied ; dans les autres on fabrique des serges, des flanelles, des étamines, des ouvrages de bonneterie, de rubanerie, des étoffes de soie, de laine, de filoselle ; dans celles-ci, des toiles de fil à carreaux, des toiles à voile, des cordages ; dans celles-là, des siamoises, des droguets, des mouchoirs ; dans d'autres enfin, on fabrique des toiles pour l'habillement des nègres dans nos colonies. Qui empêche qu'on ne livre à une partie de ces travaux les bras oiseux de cette foule de condamnés qui périssent de misère et d'ennui dans les prisons ? qui empêche qu'on ne tire du crime même une espèce de fruit, en utilisant des hommes que l'on parviendra peut-être à corriger en les occupant ! qui empêche au moins qu'on ne soulage la République d'une grande partie des dépenses que leur garde et leur entretien occasionnent, en les forçant au travail et en en faisant tourner le produit au profit de la maison qui les nourrit et les surveille ! Quel parti ne pourrait-on pas tirer de cette multitude de mauvais sujets, en leur apprenant à faire des étoffes, des toiles et même des souliers pour les fournitures de nos armées ! Dans des cas de besoin, dans des circonstances pressantes, on trouverait dans les maisons de détention, des ressources aussi promptes qu'importantes, et on ne serait pas quelquefois forcé d'employer la voie de la réquisition, toujours odieuse dans un gouvernement libre. En plaçant ces établissemens, comme je le propose, dans des lieux fertiles en grains, situés sur le bord d'un lac ou d'une rivière, près des grandes routes, abondans en lin, en chanvre, en laine et autres matières propres à être manufacturées, on est pleinement rassuré sur la nourriture des détenus, et sur la succession constante des travaux qui y seront une fois en activité : l'importation ou l'exportation des matières brutes ou fabriquées sera extrêmement facile par la proximité des grandes routes, et sur-tout par le voisinage des rivières. Le prix modéré qu'on exigera des fournisseurs, marchands, négocians et autres qui alimenteront les travaux de la maison, procurera une continuité d'ouvrage; et sûrs d'y trouver constamment un grand nombre de bras, les manufacturiers eux-mêmes viendront souvent en emprunter le secours.

De toutes les précautions, la plus sûre pour prévenir les évasions et empêcher les intelligences des condamnés avec les personnes du dehors, c'est la construction d'un chemin de ronde, qui isole la maison de détention de toute espèce d'habitation. La maison de Port-Libre a, postérieurement aux journées des 1.er et 2 prairial, renfermé jusqu'à huit cents personnes, sans que jamais il y ait eu même une tentative d'évasion : cependant cette maison est d'une construction extrêmement faible ; elle était originairement consacrée aux dames dites de Port-Royal. Depuis sa conversion en maison d'arrêt, on n'y avait fait que de très-légers changemens; il n'a été mis de barreaux de fer à aucune des croisées; de forts guichets défendaient seulement la sortie par les portes; et un double mur en planches de sapin, de douze à quinze pieds de hauteur, était le seul obstacle que les prisonniers, en descendant de leurs chambres par les fenêtres, eussent à franchir pour recouvrer leur liberté ; mais quatre sentinelles, continuellement en faction dans le chemin de ronde formé par ce double mur, ont suffi pour ôter toute idée et prévenir tout projet d'évasion ; c'est donc moins de l'épaisseur des murs, de la force des barreaux de fer, et de la construction formidable d'une prison, que de son isolement et d'un chemin de ronde qui l'enveloppe, que dépend sa sûreté. On ne saurait trop recommander cette mesure, qui dispense les architectes d'une bâtisse trop matérielle, qui épargne considérablement la dépense, et déjoue tous les projets de détenus.

3.º Le nombre des prisons proprement dites et le lieu de leur placement une fois déterminés, il n'est plus question que d'examiner si elles seront construites et entretenues aux dépens du trésor public, ou aux dépens des administrés. Une résolution du conseil des cinq-cents, en date du 12 de ce mois, a rangé dans la classe des dépenses administratives celles qui concernent les prisons. Quant à l'article des hôpitaux, qui avaient été mis dans la même classe, il a été, sur quelques réclamations, renvoyé à l'examen d'une nouvelle commission.

Je ne suis pas étonné que plusieurs membres du conseil se soient élevés en faveur des hôpitaux, et aient voulu conserver à la nation l'honneur de les entretenir; outre que tous leurs biens ont été vendus et dilapidés, et qu'il serait injuste de les abandonner ainsi dépouillés à la discrétion des administrations départementales, hors d'état de les dédommager des pertes énormes qu'ils ont éprouvées, c'est qu'il paraît évident que tout ce qui porte le caractère de secours public, de bienfaisance nationale, ne peut appartenir à une localité; c'est que les indigens malades, comme les militaires blessés, paraissent devoir être secourus par la nation entière, et non par telle ou telle portion de la nation: que si les dépenses des invalides doivent, aux termes de la résolution ci-dessus, continuer d'être acquittées par le trésor public, sous la dénomination de dépenses du gouvernement, je ne vois pas par quel motif les dépenses relatives aux hôpitaux ne seraient pas mises dans la même classe; car, à moins qu'on n'en établisse dans chaque département, il est impossible de ne point commettre une injustice criante, en forçant les administrés d'un seul département à contribuer aux dépenses d'un établissement qui serait commun aux administrés des départemens voisins. Je ne m'étendrai pas sur les inconvéniens qui seraient la suite de ce système; la commission chargée d'examiner de nouveau l'article des hôpitaux, les sentira sans doute, et ne manquera pas de les faire apercevoir au conseil; je regrette seulement que son rapport ne soit pas encore fait à ce sujet; parce que la cause des hôpitaux et des prisons étant commune, j'y aurais puisé des lumières dont j'aurais profité pour en faire l'application à ces dernières, qui me paraissent devoir mériter plus spécialement encore que les hôpitaux, la protection immédiate du gouvernement, et qui, sur-tout sous le point de vue de la sûreté publique, auraient dû trouver quelques défenseurs dans le conseil.

Au mois de brumaire de l'an 3.ᵉ, le comité de législation plaida la cause des prisonniers et des prisons, et présenta un projet de décret dont le premier article était ainsi conçu : *Les prisons sont à la charge de la nation*. Ce projet de décret était précédé d'un rapport dans lequel le représentant du peuple Durand-Maillane, organe du comité, s'expliquait ainsi.

« L'état des prisonniers intéresse essentiellement la société; elle
» y trouve des innocens à défendre et des coupables à punir. Quel
» plus grand avantage pour les citoyens ! Le triomphe de l'inno-
» cence qui les réjouit, comme la punition du coupable qui les
» afflige, les rassure tous; l'un et l'autre honorent la justice du
» gouvernement : *c'est donc au gouvernement lui-même* à faire les frais
» des prisons et des prisonniers, et d'une manière qui ne se ressente
» en rien de la cruelle parcimonie qui a rendu jusqu'ici les prisons
» comme un séjour de mort, en faisant manquer les prisonniers du
» nécessaire à la vie; c'est au *gouvernement* à empêcher que la res-
» ponsabilité des gardiens pèse plus long-temps sur les détenus,
» soit par les caprices de l'arbitraire, soit par les prédilections de
» l'avarice; c'est enfin au *gouvernement* nouveau à détruire jusque
» dans leurs racines, des abus qui s'autorisent des longues habitudes
» de l'ancien ».

A ces réflexions j'en ajouterai d'autres qui seront peut-être aussi frappantes, et qui ne laisseront aucun doute sur la question dont il s'agit. Les dépenses relatives à nos armées, ont toujours fait et font encore partie de celles du gouvernement; on regarderait comme absurde, de mettre à la charge des départemens où nos armées séjournent, les frais de casernement, de charroi, de nourriture, d'habillement, &c., parce qu'il est évident que ces dépenses ont

pour objet la défense commune, l'intérêt général de tous les administrés de la République, et qu'il est juste que tous contribuent
également pour venir au secours de ceux qui garantissent de toute
insulte les personnes et les propriétés de tous.

Que sont à l'égard de la société les maisons d'arrêt et de justice,
et sur-tout les prisons? comme les armées elles défendent nos personnes et nos propriétés. Si les soldats de la patrie nous garantissent
de l'invasion de nos ennemis extérieurs, les prisons nous garantissent
des atteintes de nos ennemis intérieurs; si les armées anéantissent
ou mettent en fuite les brigands du dehors, les prisons retiennent
et enchaînent les brigands du dedans. Les frais de construction,
de réparation, d'administration des prisons, doivent être comparés
aux frais que nécessitent la levée des troupes, leur entretien, leur
nourriture, leur organisation, leur mouvement, leur discipline;
la bonne tenue des unes intéresse aussi essentiellement la société
que la bonne tenue des autres. Si chaque département a un intérêt
égal à ce que l'armée du Rhin le garantisse de l'invasion des
Autrichiens, chaque département a aussi un intérêt égal à ce que
Bicêtre, ou toute autre prison qui contient un grand nombre de
scélérats de tous les pays, ne les revomisse pas de son sein, parce
qu'ils iraient bientôt se répandre au loin, et se livrer à de nouveaux
excès. Il me paraît impossible de soutenir raisonnablement que les
prisons doivent être une charge locale; et quand on parviendrait à le
démontrer en principes, je n'aurais pas de peine, en invoquant
l'expérience, à démontrer qu'il faudrait, pour l'honneur de la nation
et pour le bonheur de la société, s'écarter de ces principes. Et
en effet, si les prisons ont été pendant si long-temps et sont encore
aujourd'hui dans le plus affreux délabrement; s'il a été impossible,
depuis l'époque de la révolution, de les rendre habitables et sûres,
ou de leur en substituer de nouvelles; si les prisonniers sont restés
dans le plus funeste abandon; si plusieurs ont péri de misère,
ou ont été consumés par les tourmens d'une longue faim; si

par-tout

par-tout, à Paris excepté, les prévenus, les accusés, les condamnés
y sont mêlés et confondus ; si elles présentent généralement le
spectacle le plus hideux, le plus repoussant ; si enfin les plus grands
coupables s'en échappent journellement, et vont grossir la horde
des factieux ou des brigands qui nous agitent, c'est qu'elles ont
été, jusqu'au 19 fructidor de l'an 2.ᵉ, à la charge des administrés,
qui étaient hors d'état d'en supporter non-seulement les dépenses
de constructions ou de grosses réparations, mais encore celles de
leur entretien journalier ; c'est que depuis qu'elles ont été mises
à la charge du trésor public, les administrateurs, soit de département, soit de district, qui en ont eu alternativement la surveillance,
se sont succédés si rapidement et si fréquemment, qu'il a été impossible aux ministres et aux commissaires des administrations civiles
de rien obtenir d'hommes qui avaient à peine eu le temps de se faire
rendre compte de l'état des choses, et qui bientôt après avaient été
obligés de faire place à de nouveaux venus ; c'est enfin parce que
depuis l'établissement du régime constitutionnel, les lois relatives
aux prisons ont, pour ainsi dire, *donné* et *retenu*, puisque la faculté
accordée aux administrations de choisir des bâtimens nationaux
propres aux établissemens publics, a été paralysée par les formalités
exigées par les différentes lois, et sur-tout par celle du 4 ventôse.
Qu'une loi plus sévère encore anéantisse cette faculté et mette les
dépenses des prisons dans la classe des dépenses administratives,
je vois sous très-peu de temps les plus affreux désordres portés à
leur comble ; je vois les administrations dégoûtées, découragées ;
je vois les concierges et gardiens (continuellement dénoncés et
mis en jugement, à cause des évasions fréquentes qui se commettent),
quittant leur poste, sans qu'on puisse leur trouver de successeurs ;
je vois les prisonniers manquant de vêtemens, de linge, de paille
même pour se coucher ; je les vois livrés à toutes les horreurs de
la faim, ne prenant conseil que de leur désespoir, brisant sans
effort des portes ou escaladant des murs qui ne leur opposent

E

plus qu'un vain obstacle, se répandant avec fureur dans tous les lieux où ils croiront pouvoir assouvir leur rage, ou se dédommager des tourmens de leur captivité par de nouveaux forfaits ; je vois les prisons tombant totalement en ruine, s'écroulant enfin de toutes parts, et n'offrant pas même aux juges de paix ou aux commissaires de police la ressource d'une maison d'arrêt où l'on puisse momentanément enfermer avec sûreté un prévenu. Cette manière de voir n'est point exagérée, elle n'est que trop bien fondée ; elle est le résultat certain de l'état actuel des choses ; état qui subsiste depuis long-temps, dont les ministres n'ont que trop souvent et trop inutilement rendu compte, et dont le corps législatif devrait être bien convaincu, par le rapport des députés des divers départemens dont il est composé ; état enfin auquel il ne peut apporter un prompt et véritable remède, qu'en se hâtant de proclamer que les dépenses des prisons sont une charge du gouvernement. Et comment pourrait-il en être autrement, lorsqu'il s'agit du bien public et de la sûreté générale ! lorsqu'il est question de préserver la vie et les mœurs d'un grand nombre de citoyens ! lorsqu'il est impossible, sans des soins extraordinaires qui tiennent à des mesures générales, de remplir le vœu de la loi, c'est-à-dire, de corriger ou de punir les coupables ; de prévenir la multiplicité des crimes et l'expansion des maladies contagieuses, de rappeler à l'amour du travail et des bons principes une classe nombreuse d'individus susceptibles sans doute de repentir, et qui, s'ils en repoussent la voix, ne doivent presque toujours leur endurcissement qu'à l'injustice, à l'inhumanité, je dirai même à la barbarie des traitemens qu'on exerce envers eux !

L'établissement et l'entretien des prisons, leur sûreté, leur salubrité, leur régime intérieur, tiennent trop essentiellement à la tranquillité publique, à l'intérêt général et au bonheur de la société, pour qu'on les isole, pour ainsi dire, de la surveillance du gouvernement en les mettant à la charge de chaque département. En effet, si les administrations centrales ne sont pas obligées d'avoir recours à lui pour les réparations, améliorations, agrandissemens ou constructions dont ces établissemens sont susceptibles ; si elles sont forcées de prendre sur les administrés les sommes nécessaires à l'entretien, à la nourriture, au vêtement des prisonniers indigens, à l'acquisition des métiers et des matières premières dont il faut garnir et approvisionner les maisons de détention, elles ne se croiront comptables qu'à elles - mêmes des mesures qu'elles auront à prendre ; elles ne voudront pas surcharger leurs administrés d'impositions ; elles laisseront subsister les anciens abus ; les prisons ne seront pas réparées, les travaux ne s'y introduiront pas ; les détenus seront encore abandonnés à la stérile générosité des riches ; ils ne sortiront jamais de l'état de misère et de dépravation dans lequel ils croupissent depuis si long-temps ; le ministre de l'intérieur ignorera la situation des choses, ou, s'il en est instruit indirectement et qu'il veuille rappeler les administrations aux devoirs que leur imposent la justice et l'humanité, elles lui tiendront le même langage qu'elles n'ont cessé de tenir à ses prédécesseurs dans des temps moins difficiles encore que celui où nous nous trouvons : Nous n'avons aucuns moyens, lui crieront-elles ; nos administrés sont épuisés, soit par les longs sacrifices qu'ont exigés les premières années de la révolution, soit par les ravages de la guerre civile, soit par les pillages des chouans, des vendéens, ou des comités révolutionnaires. Les contributions foncières, mobiliaires et somptuaires pèsent assez sur eux, sans qu'à telle ou telle charge locale dont ils viennent encore d'être grevés, et qu'ils s'empressent d'acquitter, parce qu'ils sentent qu'ils doivent la supporter, nous ajoutions encore celles des prisons, qui tiennent essentiellement à l'ensemble du gouvernement, et dont, sous tous les rapports, les dépenses doivent être supportées par lui. Ainsi les choses resteront dans l'état affreux où elles sont maintenant ; ainsi les scélérats, continuellement arrêtés, s'échapperont continuellement des lieux où on les aura renfermés ; ainsi l'exercice de la police sera nul ; ainsi la distribution de la justice sera suspendue ; ainsi la société ne cessera d'être en proie aux attaques des brigands ; ainsi le pillage et le meurtre continueront de s'organiser, et se commettront impunément : et tous ces malheurs seront la suite d'une mesure qui a pour objet apparent le soulagement du trésor public, tandis que cette prétendue économie n'est que fictive et illusoire, puisqu'il faut bien, en définitif, que la masse des administrés paie toutes les dépenses du gouvernement.

Mais, dira-t-on, les finances de la République sont en ce moment dans le plus grand désordre, et il importe essentiellement à l'ordre qu'il faut enfin y établir, qu'on les soulage des dépenses relatives aux prisons, sur-tout dans un moment où il est question non-seulement de réparer ou de remplacer presque toutes les maisons d'arrêt et de justice, mais encore d'établir les maisons de force, de gêne, de réclusion et de détention. Je répondrai que dans quelque mauvais état que soit le trésor public, il peut encore plus efficacement que les administrés venir au secours des prisons ; que plus nous approchons de l'époque heureuse d'une paix générale sur le continent, plus le gouvernement doit se mettre en mesure d'avoir des prisons capables de contenir les nombreux ennemis de cette paix tant désirée, d'imposer silence aux factieux, et d'arrêter l'audace des scélérats. J'ajouterai que l'établissement des maisons de détention, en supposant même qu'il fallût les construire toutes sur un nouveau plan, loin d'être onéreux au trésor public, lui sera profitable. Et en effet, à peine les vingt maisons que je propose seront-elles organisées, que plus de cinq cents prisons disparaîtront de dessus le sol de la République ; qu'avec elles seront réformés cinq cents concierges, et deux ou trois mille gardiens ; que le trésor public cessera de fournir aux dépenses, aussi multipliées que ruineuses, qu'entraînent journellement des réparations toujours provisoires, qui, loin d'ajouter à la solidité et à la conservation de ces bâtimens, ne servent qu'à les dégrader et à en accélérer la ruine. Avec ces nom-

breusés prisons, disparaîtront aussi plus de trente dépôts de mendicité
qui subsistent encore au mépris de la loi du 24 vendémiaire, an 2.ᵉ,
qui ne sont ouverts qu'à la classe la plus paresseuse de la société,
et qui entretiennent à grands frais, aux dépens du trésor public, une
foule prodigieuse de vagabonds qu'on y laisse croupir dans la plus
pernicieuse oisiveté. Qu'on évalue maintenant la dépense à faire,
et les avantages qui en seront la suite. Lors même que la plupart de
ces dépôts, qui ont été construits ou disposés pour recevoir un grand
nombre d'individus qu'on devait y employer à des travaux utiles,
ne pourraient pas être convertis en maisons de détention ; quand
plusieurs autres bâtimens nationaux ne pourraient pas être destinés
au même usage, quoiqu'ils aient été indiqués comme y étant très-
propres, je soutiens qu'il y aurait encore de l'économie à construire,
d'après des plans neufs et bien conçus, vingt maisons qui mettraient
bientôt le domaine national en possession de plus de cinq cents bâtimens, qui permettraient de supprimer plus de trois mille employés,
et soulageraient le trésor public des dépenses de réparations et améliorations inutiles qu'on ne cesse de faire à ces vieux monumens du
despotisme monarchique. Une autre économie considérable dont
on ne peut apercevoir les avantages qu'en y réfléchissant, résulte
de ce qu'il y aurait enfin un terme aux évasions ; et on ne sait pas
assez apprécier ce qu'une évasion coûte au trésor public. D'abord
un prisonnier ne parvient presque jamais à s'échapper que par un
bris ; il scie ou il descelle les barreaux de fer qui lui font obstacle,
ou il fait un trou dans le mur ou dans le plancher de sa chambre :
on sent bien qu'à quelque prix que ce soit, il faut sans délai réparer
le dégât, dans la crainte qu'il ne devienne plus considérable, ou que
les autres prisonniers n'en profitent pour s'évader à leur tour. En
second lieu, il faut mettre le concierge en jugement, et diriger
contre lui et ses gardiens une procédure criminelle. Troisièmement,
il faut faire imprimer le signalement de l'évadé, et le transmettre
dans tous les départemens, dont les administrations le font réimprimer,

et circuler ensuite dans toutes les communes , et l'envoient à tous les commandans de gendarmerie. Quatrièmement enfin, l'individu repris est ramené souvent de très-loin, à grands frais, dans le lieu d'où il s'est échappé ; et son absence , plus ou moins longue, a retardé quelquefois l'instruction d'un procès dans lequel plusieurs innocens ont été impliqués , et les a long-temps retenus en prison aux dépens du trésor public.

Au produit considérable de la vente de toutes ces maisons, aux économies résultant tant de la cessation des travaux qu'on y fait journellement, que de la réduction considérable des concierges et gardiens qui y sont employés , qu'on joigne l'épargne des frais de poursuites dont je viens de parler ; qu'on ajoute le bénéfice que doit rendre le travail de neuf à dix mille condamnés, dont les dix-huit à vingt mille bras seront utilement employés au profit des maisons qui les renfermeront, on jugera alors si l'établissement de ces maisons doit être onéreux au trésor public, et si le corps législatif, qui ne doit être ni avare ni parcimonieux lorsqu'il s'agit du bien public et de l'intérêt de tous, doit hésiter d'en ordonner la formation, et d'en ranger la dépense première et l'entretien dans la classe des dépenses du gouvernement.

De tout ce que j'ai avancé il résulte évidemment :

1.º Que les prisons et maisons d'arrêt sont dans le plus mauvais état possible ; qu'elles ne présentent ni sûreté , ni salubrité ; que les détenus y sont en proie à des maladies contagieuses ; qu'ils y éprouvent toutes les horreurs de la misère, de la nudité, de la faim, du froid et de toutes les intempéries des saisons ; que les prévenus, les accusés , les condamnés y sont mêlés et confondus ; que tous languissent dans la plus pernicieuse , dans la plus désespérante oisiveté ; que des projets continuels d'évasion sont la suite nécessaire de l'état d'abandon dans lequel on les laisse ; que les bris de prisons doivent avoir lieu très-fréquemment, et se commettent effectivement tous les jours ; que le sein de la société est continuellement déchiré par les scélérats qu'on en avait séquestrés; que la prison, quand ils ne peuvent s'en échapper, loin de les corriger, loin de faire germer le remords dans leur ame, ne fait que les gâter, que les corrompre de plus en plus; que leur immoralité y devient telle, qu'après quelques années d'incarcération, ils sont incapables du plus faible repentir, et qu'ils se sont tellement identifiés avec les crimes de tout genre, qu'il est extrêmement dangereux de les rendre à la société, comme on est forcé de le faire lorsque le terme de leur détention est expiré;

2.° Que ces affreux désordres ont pris leur source dans l'insouciance du gouvernement monarchique pour tout ce qui intéressait l'humanité, la pureté des mœurs, la sûreté et le repos de la société; qu'ils se sont perpétués sous le régime républicain, par une suite des secousses de la révolution, de l'instabilité d'un gouvernement tantôt définitif, tantôt provisoire ou révolutionnaire, et de l'impossibilité où se sont trouvés les administrés de supporter les dépenses qu'il aurait fallu faire pour y remédier; que s'ils subsistent encore depuis que les prisons ont été mises à la charge du gouvernement, la cause en est dans l'insuffisance, dans l'imperfection, dans l'opposition même des lois relatives à cette matière, et dans les difficultés qu'on rencontre lorsqu'il s'agit de les mettre à exécution;

3.° Que de la nature et de l'excès même de ces désordres résulte pour le gouvernement actuel l'obligation indispensable de les faire cesser; que la législation n'en peut confier le soin exclusif à des administrations locales; que ce serait priver le pouvoir exécutif du plus beau de ses droits, celui de mettre en pleine activité les lois rendues ou à rendre qui, comme celles dont il s'agit, intéressent également toute la République; qu'on ne peut considérer les prisons isolément, et en faire supporter les dépenses aux localités, puisque le repos, la tranquillité, le bonheur de tous les citoyens, dépendent de leur sûreté, de leur salubrité, comme la santé et la moralité des individus qu'elles renferment, dépendent de la bonté de leur régime et de la perfection de leur police intérieure;

4.° Que le moyen le plus prompt et le plus sûr de les faire disparaître, consiste dans l'établissement des maisons d'arrêt et de justice près les tribunaux criminels et correctionnels; dans l'établissement des prisons proprement dites, ou des maisons consacrées à la peine des fers, de la reclusion, de la gêne, de la détention; et sur-tout dans l'introduction des travaux dans ces prisons;

5.° Que ces maisons doivent être établies en petit nombre, et disséminées le plus également possible sur le sol de la République, dans des lieux abondans en grains et en matières premières propres à la fabrication, et le plus près possible des grandes routes et des rivières ou canaux;

6.° Enfin, que les frais de leur établissement et de leur entretien doivent être à la charge du gouvernement, et qu'ils seront bien plus que compensés par la suppression d'une multitude de prisons qui épuisent journellement le trésor public par les réparations continuelles qu'elles exigent, et par le nombre prodigieux d'employés qu'elles entraînent.

Il est donc probable que le corps législatif, animé d'un zèle toujours infatigable pour le bien public, jaloux de mettre un terme aux abus que je viens de dénoncer, et de réparer les maux sans nombre qui en résultent, tant envers les détenus, à l'égard desquels la justice et l'humanité sont si cruellement outragées, qu'envers la société, qui est journellement victime de leur immoralité, de l'oisiveté désespérante dans laquelle on les laisse croupir, et de la facilité qu'ils trouvent à s'évader, va se hâter de rendre une loi qui aura pour objet,

1.° De ranger dans la classe des dépenses du gouvernement les dépenses relatives aux détenus et aux maisons d'arrêt, de justice et de détention;

2.° D'ordonner qu'en exécution de l'article 570 du code des délits, il sera, indépendamment des prisons établies comme peines, placé, dans le plus bref délai, près de chaque directeur de jury d'accusation, d'accusation, une *maison d'arrêt* pour ceux envoyés par mandat d'officier de police, et, près de chaque tribunal criminel, une *maison de justice* pour ceux contre lesquels il est intervenu une ordonnance de prise-de-corps; qu'à cet effet les bâtimens nationaux qui se trouveraient propres à ces sortes d'établissemens, seront, après un mûr examen de la part du ministre de l'intérieur, et sur l'avis du ministre des finances, avec lequel il sera tenu de se concerter, mis à la disposition des administrations centrales, qui, sur l'autorisation du ministre de l'intérieur, y feront faire, par adjudication au rabais, et d'après les plans et devis dressés en conséquence, les réparations, agrandissemens et distributions convenables;

3°. D'ordonner que, conformément aux dispositions de l'art. XI du titre XIII de la loi du 29 septembre 1791 concernant la justice criminelle, de l'article 580 du code des délits et des peines, et pour remplir le vœu des articles 12, 18 et 27 de la Ire partie du code pénal, il sera établi, sur le sol de la République, et dans tel ou tel lieu des divers départemens, vingt ou vingt-cinq maisons de détention, dans lesquelles seront renfermés, dans des quartiers séparés, les condamnés par les tribunaux criminels à la peine des fers, de la reclusion, de la gêne et de la détention; qu'au desir des articles 6, 10, 16 et 22 du titre Ier de la Ire partie du même code, les uns seront employés dans l'enceinte de la maison à des travaux forcés, au profit de l'état, et les autres à des travaux utiles, dont le genre sera déterminé par les administrations centrales, et dont le produit sera employé ainsi qu'il est prescrit par les articles 17 et 25 du code pénal; qu'à cet effet, les bâtimens nationaux qui se trouveront propres à ces sortes d'établissemens, seront, dans les formes indiquées pour les maisons d'arrêt et de justice, mises à la disposition des administrations centrales; et que, dans le cas où il ne se trouverait aucun bâtiment national propre à cette destination, le ministre de l'intérieur sera autorisé à faire dresser les plans des bâtimens convenables

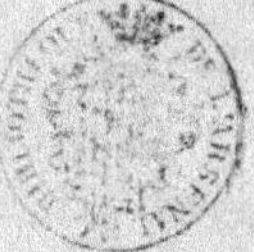

F

et à en ordonner la construction, qui serait exécutée par économie, ou, s'il est possible, par adjudication au rabais, d'après des devis et des détails estimatifs.

Que ne puis-je, en terminant ces observations, communiquer à tous les membres du corps législatif l'opinion dans laquelle je suis, qu'une loi qui abrégerait la captivité d'un individu, en raison de sa soumission aux règlemens de la maison, de son ardeur pour le travail, de son attachement à tous les devoirs qui lui seraient imposés, de l'évidence de ses remords, et de la constance de son repentir, serait le moyen le plus puissant de rappeler à la vertu et aux principes sociaux, non-seulement des hommes égarés par un premier moment d'erreur, mais encore ceux qui se sont, pour ainsi dire, fait une habitude du crime.

En Hollande, ceux qui se distinguent par leur sobriété, leur vigilance, leur bonne conduite, deviennent libres avant l'expiration du terme : on y a vu un cordonnier, qui, par sa bonne conduite, avait obtenu la permission d'y travailler, accumuler un petit fonds par son industrie, sortir ensuite, et former un établissement à Londres, où il se fit estimer, et où il ne parlait qu'avec reconnaissance de ses maîtres du *Rasp-House*. (*État des prisons, &c.*, par JOHN HOWARD.)

A *Hanau*, en Allemagne, les galériens sont distingués en *honnêtes* et *déshonnêtes* : les premiers, qui sont condamnés pour un terme de trois, quatre, sept, neuf, et même quatorze années, peuvent abréger ce laps de temps par une conduite soutenue et raisonnable ; les seconds, qui ont commis des crimes capitaux, ne sont pas sans espoir de voir leur sort s'adoucir par une bonne conduite ; ils peuvent s'élever au rang des *honnêtes*. Ce passage est pour eux une grande récompense. (JOHN HOWARD.)

A *Stockholm*, en Suède, les condamnés sont employés à peigner et filer la laine ; chacun doit en filer deux livres et demie par jour. Comme le but qu'on se propose est de les rendre laborieux, on abrége la durée de leur esclavage, s'ils se montrent diligens. (JOHN HOWARD.)

Si ces institutions ont produit un bon effet chez des peuples esclaves, que ne doit-on pas en attendre chez un peuple libre, dont la sensibilité et la reconnaissance sont les principales vertus, dont l'industrie et l'activité sont sans bornes, et dont la plupart des membres qui se sont égarés dans la route du crime, n'y ont été poussés que par les circonstances qui ont accompagné la révolution la plus extraordinaire sur-tout au moral.

J'ai fréquemment visité les prisons; j'ai beaucoup vu et observé, à Bicêtre et à Lazare, de ces êtres avilis, corrompus, flétris dans l'opinion, et justement frappés par la loi; j'ai remarqué que ce qui faisait sur eux la plus funeste impression, ce qui les jetait dans le plus profond endurcissement, c'était le long terme de leur captivité, sans espoir de pouvoir le rapprocher en donnant l'exemple d'une conduite édifiante et soutenue; c'était la certitude, de la part d'un homme coupable pour la première fois et livré à d'heureux remords, d'être constamment confondu avec un scélérat consommé, et de ne pas pouvoir attirer sur lui l'attention et l'indulgence du gouvernement. Qu'on essaie aujourd'hui de trouver la différence qui existe entre un condamné que la misère, une mauvaise connaissance, ou l'occasion, aura porté à un premier crime, et celui qui, après en avoir commis un grand nombre, n'aura cependant été jugé et puni que pour le dernier; on ne pourra mieux y réussir qu'en ouvrant une porte au repentir, et en offrant à celui qui en sera susceptible, l'espérance encourageante de voir arriver plus promptement l'époque de sa liberté. Que risque-t-on de présenter cet appât! le criminel le plus endurci peut s'y laisser prendre. L'hypocrisie sera sans doute son premier conseiller; la sévérité des réglemens de la maison le favorisera, le maintiendra même pendant quelque temps dans ses dehors fallacieux: mais si son cœur n'est pas changé; s'il n'est pas réellement entraîné, soit par l'exemple de ceux de ses camarades qui se repentiraient sincèrement, soit par son propre intérêt, il ne pourra soutenir long-temps un rôle étranger, contraire même à ses principes ; il donnera bientôt des preuves de son incorrigibilité ; le bénéfice de la loi ne lui sera pas applicable, et il subira son jugement dans toute sa rigueur. Si, au contraire, par suite de l'habitude d'un travail soutenu, de la bonne discipline de la maison, de l'émulation qui y régnera, des bonnes mœurs qui s'y introduiront, des éloges donnés à ceux qui se conduiront bien, sur-tout de la faveur qui leur sera accordée, et dont il sera le témoin, il passe du sentiment de l'hypocrisie à celui de la résipiscence ; si malgré lui le remords commence à le tourmenter ; s'il devient réellement meilleur ; si la vertu cesse de lui paraître ridicule, s'il commence à l'aimer ; s'il a honte de ne pas concourir comme les autres pour anticiper le terme de sa liberté ; si enfin, pendant une longue suite de temps, il donne des preuves non équivoques d'un véritable repentir, pourquoi se refuserait-on à l'évidence ? pourquoi son sort ne serait-il pas adouci ! pourquoi enfin subirait-il une peine aussi longue que celui qui, coupable des mêmes crimes, n'aurait jamais été atteint du plus faible remords ! En abrégeant la peine de l'homme repentant, vous forcerez, pour ainsi dire, les plus grands scélérats au repentir ; et quand, par un pareil exemple, vous n'y auriez amené qu'un criminel sur cent, c'est un homme, c'est un citoyen de rendu à la société : mais si vous n'obtenez rien sur la plupart de ces êtres immoraux, tellement familiarisés avec le crime, qu'il est pour eux une espèce de besoin, et qu'on les anéantirait plutôt que de leur en faire perdre le goût ou l'habitude, vous pouvez espérer d'obtenir plus de succès à l'égard de ceux qui n'ont été qu'entraînés, dont la main seule est coupable, ou dont le cœur n'est pas encore gangrené : le germe du remords y existe ; n'étouffez plus ce germe précieux, en n'établissant aucune différence entre eux et l'homme totalement corrompu. Réchauffez, ranimez dans leur ame l'amour du bien, le sentiment du juste. Le moyen le plus sûr d'y parvenir, est d'être vous-mêmes les premiers justes , et d'accorder quelque chose au repentir. Si , au contraire, vous restez sourds à ses cris; si vous continuez de voir du même œil tous les condamnés, et de confondre dans la même classe le scélérat déhonté et celui qui n'a pas encore perdu toute pudeur, vous jetez celui-ci dans le découragement, vous arrachez , pour ainsi dire , la dernière racine de vertu qui était en lui , et vous le contraignez de renoncer pour jamais à l'estime de ses concitoyens. De quelle manière en effet voulez-vous qu'il puisse espérer de la reconquérir, s'il n'est sorti de prison que parce que le terme de sa captivité sera expiré ! Quelle confiance pourra inspirer ce malheureux ! Il traînera par-tout l'opprobre dont il aura été couvert par plusieurs années de détention; loin d'exciter la pitié, loin d'inspirer de l'intérêt, s'il demande de l'occupation , il sera méprisé , repoussé avec indignation ; et ne trouvant de ressources nulle part , il reprendra, malgré lui , ses anciennes habitudes , et cherchera à soutenir par de nouveaux crimes une existence qu'il ne peut conserver en marchant dans le sentier des vertus : mais si , en sortant de sa prison, il montre d'une main le jugement qui l'a condamné à une longue peine , et de l'autre l'absolution de plusieurs années de captivité dont il se sera rendu digne par une conduite sage et constamment soutenue, il est sûr d'être favorablement accueilli ; on s'empressera de venir à son secours, on le consolera, on l'encouragera ; et pénétré de cette grande vérité, que le juste qui n'a jamais failli est plus près du crime que le coupable qui se repent, on cherchera à s'attacher un homme instruit par le malheur, et que sa propre expérience doit garantir de toute rechute. Je laisse à nos législateurs le soin de mûrir, de développer ces idées, et tous les avantages qui résulteraient pour la société, d'une loi qui pourrait lui rendre, parmi les con- damnés, un assez grand nombre de citoyens, depuis trop long-temps

(46)

l'objet de l'insouciance du gouvernement, et qui inoculerait, pour ainsi dire, la saine morale et les vertus républicaines dans des lieux consacrés, depuis l'existence de la monarchie, à l'oisiveté, à l'immoralité et aux vices de tous les genres.

F I N.